# 官箴荟要

二

綫裝書局

# 目录

# 西山政训

〔宋〕真德秀 著

《西山政训》是明刑部尚书彭韶从真德秀所著之《政经》中摘要编辑而成的。真德秀号西山，故名《西山政训》。内容为真德秀任潭州、泉州知州时晓谕州县的官文。他十分重视一地的风化，倡导父义母慈，兄友弟恭，主张先教化而后刑罚，认为为官要从治理民俗着手，官员要以身作则。官员的为政要领是廉（律己以廉）、仁（抚民以仁）、公（存心以公）、勤（莅事以勤）四字，具体措施则为崇风教、清狱犴、平赋税、禁苛扰等。

真德秀（一一七八至一二三五）字景元，号西山，建州浦成（今属福建）人。南宋宁宗庆元五年中进士，历任湖南安抚史，潭州、泉州知州，翰林学士，参知政事等职。著有《西山文集》、《文章正宗》、《大学衍义》等书，是宋代著名学者。

## 帅长沙日谕官僚

某猥以庸虚谬当阃寄，朝夕怵惕，思所以仰答朝廷之恩，俯慰士民之望。惟赖官僚协心同力，庶克有济。区区辄有所怀，敢以布于左右。盖闻为政之本，风化是先。潭之为俗，素以淳古称，比者经其田里，见其民朴且愿，犹有近古气象，则知昔人所称，良不为过。今欲因其本俗，迪之于善，已为文谕告，俾兴孝弟之行，而厚宗族邻里之恩。不幸有过，许之自新，而毋狃于故习。若夫推此意而达之民，则令佐之责也。继今邑民以事至官者，愿不惮其烦而谆晓之，感之以至诚，持之以悠久，必有油然而兴起者。若民间有孝行纯至，友爱著闻；与夫叶和亲族，周济乡间，为众所推者，请采访以实，以上于州，当与优加褒劝。至于听讼之际，尤当以正名分、厚风俗为主。昔密学陈公襄为仙居宰，教民以父义母慈，兄友弟恭，而人化服焉。古今之民，同一天性，岂有可行于昔，而不可行于今？惟毋以薄待其民，民亦将不忍以薄自待矣，此某之所望于同僚者也。然而正己之道未至，爱人之意不孚，则虽有教告而民未必从，故某愿与同僚各以四事自勉，而为民去其十害。何谓四事？曰：

律己以廉。凡名士大夫者，万分廉洁，止是小善，一





点贪污，便为大恶。不廉之吏，如蒙不洁，虽有它美，莫能自赎，故此以为，四事之首。

抚民以仁。为政者当体天地生万物之心，与父母保赤子之心，有一毫之惨刻，非仁也；有一毫之忿疾，亦非仁也。

存心以公。传曰：公生明。私意一萌，则是非易位，欲事之当理，不可得也。

莅事以勤。是也。当官者一日不勤，下必有受其弊者。古之圣贤，犹且日昃不食，坐以待旦，况其余乎？今之世有勤于吏事者，反以鄙俗目之，而诗酒游宴，则谓之风流娴雅。此政之所以多疵，民之所以受害也，不可不戒。

何谓十害？曰：

断狱不公。狱者民之大命，岂可少有私曲？

听讼不审。讼有实有虚，听之不审，则实者反虚，虚者反实矣，其可苟哉？

淹延囚系。一夫在囚，举室废业，囹圄之苦，度日如岁，其可淹久乎？

惨酷用刑。刑者不获已而用，人之体肤，即己之体肤也，何忍以惨酷加之乎？今为吏者，好以喜怒用刑，甚者或以关节用刑，殊不思刑者国之典，所以代天纠罪，岂官吏逞忿行私者乎？不可不戒。

泛滥追呼。一夫被追，举室皇(惶)扰，有持引之需，有出官之费，贫者不免举债，甚者至于破家，其可泛滥乎？

招引告讦。告讦乃败俗乱化之原，有犯者自当痛治，何可勾引？今官司有受人实封状与出榜召人告首，



阴私罪犯，皆系非法，不可为也。

重叠催税。税出于田，一岁一收，可使一岁至再税乎？有税而不输，此民户之罪也；输已而复责以输，是谁之罪乎？今之州县，盖有已纳而钞不给，或钞虽给而籍不消，再追至官，呈钞乃免，不胜其扰矣；甚者有钞不理，必重纳而后已。破家荡产，鬻妻卖子，往往由之。有人心者，岂忍为此？

科罚取财。民间自二税合输之外，一毫不当妄取。今县道有科罚之政，与夫非法科敛者，皆民之深害也，不可不革。

纵吏下乡。乡村小民，畏吏如虎，纵吏下乡，犹纵虎出柙也。弓手士兵，尤当禁戢，自非捕盗，皆不可差出。

低价买物。物同则价同，岂有公私之异？今州

县有所谓市令司者，又有所谓行户者，每官司敷买，视市直率减十之二三，或不即还，甚至白著，民户何以堪此？

某之区区，其于四事，敢不加勉。同僚之贤，固有不俟丁宁而素知自勉者矣，然亦岂无当勉而未能者乎？传曰：过而不改，是谓过矣。又曰：谁谓德难厉其庶，而贤不肖之分，在乎勉与不勉而已。异时举刺之行，当以是为准。至若十害，有无所未详知，万一有之，当如拯溺救焚，不俟终日，毋狃于因循之习，毋牵于利害之私。或事关州郡，当见告而商确焉，必期于去民之瘼而后已，此又某之所望于同僚者，抑又有欲言者矣。夫州之与县，本同一家，长吏僚属，亦均一体。若长吏偃然自尊，不以情通于下；僚属退然自默，不以情达于上，则上下痞塞，是非莫闻，政疵民隐，何从而理乎？昔诸葛武侯开府作牧首，以



集众思、广忠益为先。某之视侯，无能为役，然虚心无我，乐于闻善，盖平日之素志。自今一道之利病某之所当知者，愿以告焉。某之所为，有不合于理，不便于俗者，亦愿以告焉。告而适当，敢不敬从，如其未然，不厌反覆，则湖湘九郡之民，庶乎其蒙赐，而某也庶乎其寡过矣。敢以诚告，尚其亮之，幸甚！ 某咨目上府判职曹以下诸同官。

## 知泉州日谕州县官僚之一

某昨者叨帅长沙，尝以四事劝勉同僚，曰律己以廉，抚民以仁，存心以公，莅事以勤，而某区区实身率之，以是二年之间，为潭人兴利除害者，粗有可纪。今者蒙恩起废，再抚是邦，窃伏惟念所以答上恩而慰民望者，亦无出前之四事而已，故愿与同僚勉之。

盖泉之为州，蛮貊聚焉，犀珠宝货，见者兴羡。而豪

民巨室有所讼诉，志在求胜，不吝挥金，苟非好修自爱之士，未有不为所污染者，不思廉者士之美节，污者士之丑行。士之不廉，犹女之不洁，不洁之女，虽功容绝人，不足自赎。不廉之士纵有他美，何足道哉？昔人有怀『四知』之畏，而却暮夜之金者。盖隐微之际，最为显著，圣贤之教，谨独是先。故愿同僚力修冰檗之规，各厉玉雪之操，使士民畏敬，称为廉吏，可珍可贵，孰有逾此？其所当勉者一也。

先儒有云，一命之士，苟存心于爱物，于人必有所济。且以簿尉求之：簿勤于勾稽，使人无重叠追催之害；尉勤于警捕，使人无穿窬攻劫之扰，则其所济，亦岂小哉？等而上之，其位愈高，系民之休戚者愈大，发一残忍心，斯民立遭荼毒之害；发一掊克心，斯民立被诛剥





之殃。盍亦反而思之，针芒刺手，茨棘伤足，举体凛然，谓之痛楚，刑威之惨，百倍于此，其可以喜怒施之乎？虎豹在前，坑阱在后，号呼求救，惟恐不免，狱犴之苦，何异于此？其可使无辜者坐之乎？己欲安居，则不当扰民之居；己欲丰财，则不当朘民之财，故曰『己所不欲，勿施于人』。其在圣门，名之曰恕，强勉而行，可以致仁，矧当斯民憔悴之时，抚摩爱育，尤不可缓。故愿同僚各以哀矜恻怛为心，而以残忍掊克为戒，则此邦之人，其有瘳乎？此所当勉者二也。

公事在官，是非有理，轻重有法，不可以己私而拂公理，亦不可骫公法以徇人情。诸葛公有言，吾心如秤，不能为人作轻重。此有位之士所当视以为法也。然人之情每以私胜公者，盖徇货贿则不能公，任喜怒则不能公，党

亲戚，畏豪强，顾祸福，计利害，则皆不能公。殊不思是非之不可易者，天理也；轻重之不可逾者，国法也。以是为非，以非为是，则逆乎天理矣；以轻为重，以重为轻，则违乎国法矣。居官临民，而逆天理违国法，于心安乎？雷霆鬼神之诛，金科玉条之禁，其可忽乎？故愿同僚以公心持公道，而不汩于私情，不挠于私情，庶几枉直适宜而无冤抑不平之叹。此所当勉者三也。

民生在勤，勤则不匮，则为民者不可以不勤；业精于勤，荒于嬉，则为士者不可以不勤。况为命吏，所受者朝廷之爵位，所享者下民之脂膏，一或不勤，则职业隳弛，岂不上孤朝寄，而下负民望乎？今之居官者，或以酣咏遨游为高，以勤强敏恪为俗，此前世衰弊之风也，盛明之时，岂宜有此？陶威公有言，大禹圣者，犹惜寸阴，至







于众人，当惜分阴。故宾佐有以蒱博废事者，则取而投之于江。今愿同僚共体此意，职思其忧，非休浣毋聚饮，非节序毋出游，朝夕孜孜，惟民事是力，庶几政平讼理，田里得安其生。此所当勉者四也。

某虽不敏，请以身先，毫发少渝，望加规警。前此官僚之间，或以四者未能无愧，顾自今始，洗心自新。在昔圣贤，许人改过，故曰改而止，傥犹玩视而不改焉，诚恐物议沸腾，在某亦不容以苟止也。莅事之初，敢以诚告，幸垂察焉。

## 知泉州日谕州县官僚之二

当职入境以来，延访父老，交印之后，引受民词，田里利病，县政否臧，颇闻一二。今检举前在任日约束及今来合行事件，开具于后。

## 崇风教

一、嘉定十年到任，以五事谕民，其一谓人道所先，莫如孝弟，编民中有能孝于父母，弟于兄长，性行尤异者，所属详加采访，以其实上于州，优加赏劝。或身居子职，有阙侍养；或父母在堂，别蓄私财；或犯分陵忽，不顾长幼之伦；或因利忿争，遽兴骨肉之讼，凡若此者，皆有常刑。后据厢官申到黄章取肝救母，吴祥取肝救父，各行支赏外，又有承信郎周宗强割股以疗亲疾，延请诸州设宴，用旗帜鼓乐送归其家。晋江县申到刘玑有母百岁，玑年七十，存养弥谨，既加优礼，又立寿母坊以表之。进士吕洙女良子封股救父，随即痊愈，亦立懿孝坊自为之记。又据百姓吴十同妻诉子吴良聪不孝，审问得实，杖脊于市，髡发居役。其他劝惩，大率类此。今请各县知佐勤



行访问，如民间有孝友笃至之人，保明申州待加褒表。其有悖逆父母，凌犯尊长，为父兄所诉者，宜以至恩大义，谆谆劝晓，苟能悔过，姑许自新，教之不从，即加惩治，甚者解州施行，庶几可儆愚俗。

一、当职昨在任日，遇亲戚骨肉之讼，多是面加开谕，往往幡然而改，各从和会而去。如卑幼诉分产不平，固当以法裁断，亦须先谕尊长自行从公均分，或坚执不从，然后当官监析，其有分产已平而妄生词说者，却当以犯分诬罔坐之。今请知佐每听讼，常以正名分厚风俗为先，庶几可革偷薄。

一、学校风化之首，访闻诸县间，有不以教养为意者，赡学之田，或为豪民占据，或为公吏侵渔，甚至移作它用，未尝养士其间。虽名养士，又或容其居家，日请钱

米，未尝在学习读；或虽住学，而未尝供课；或虽供课，而所习不过举业，未尝诵习经史。凡此皆有失国家育材待用之本意。今请知佐究心措置，学田所入，严加钩考，毋令渗漏，计其所入，专以养士。仍请主学官立定课程，每旬一再讲书，许士子问难，再讲之日，各令覆说前所讲者。举业之外，更各课以经史，使之细绎义理，讲明世务，庶几异时，皆为有用之材，所补非浅。

一、温陵人材之渊薮，名德闻望，相继不绝。近入郡境，士友投书颇多，其间盖有议论至深切事情，益如此邦士风之盛，诚非它处可及。今恐诸县管下，有怀材抱艺而沉不偶，守道安贫而不肯苟求者，宜以礼延请致之学校，使后有所师法，仍以其姓名申郡，并当加之宾礼。

## 清狱犴



一、狱者生民大命，苟非当坐刑名者，自不应收系。为知县者，每每必须躬亲，庶免枉滥。访闻诸县，闻有轻寘人于囹圄，而付推鞫于吏手者，往往写成草子，令其依样供写，及勒令立批，出外索钱，稍不听从，辄加捶楚，哀号惨毒，呼天莫闻。或囚粮减削，衣被单少，饥冻至于交迫；或枷具过重，不与汤刷，颈项为之溃烂；或屋瓦疏漏不修，有风雨之侵；或牢床打并，不时有虮虱之苦；或坑厕在近，无所蔽障，有臭秽之薰；或因病不早医治，致其瘐死；或以轻罪与大辟同牢，若此者不可胜数。今请知县以民命为念，凡不当讼狱公事，勿轻收禁。推问供责，一一亲临，饭食居处，时时检察，严戢胥吏，毋令擅自拷掠，变乱情节。至于大辟，死生所关，岂容纤毫？或至枉滥，明有国宪，幽有鬼神，切宜究心，勿或少忽。

一、昨因臣僚申请勘狱，先经县丞，盖虑知县事繁，不暇专意狱事，亦州郡先付狱官之意也。窃虑属县有悉付其事于丞不复加意者，其县丞惮于到狱，径取上囚徒就厅鞫问者，凡此皆有失申明本指。今仰知县以狱事为重，专任其责，虽与县丞同勘，即不许辄取罪囚出外，以致漏泄情款，引惹教唆。或丞老而病，且乏廉声，亦不宜使之干预。

## 平赋税

一、前在任日，曾约束输纳二税，自有省限，官司先期催纳，在法非轻，至于预借税租，法尤不许，若公吏私借者准盗论。今闻属县，有未及省限而预先起催者，有四年而预借五年之税，五年而预借六七年之税者，民间何以堪此？仰自今为始，须及省限，方行起催，仍只催当



年，及递年未纳税赋，不许更行预借。所有公吏私借之弊，并委知县严行觉察，务令尽绝。

一、前在任日，应官民寺观输纳税米，并令自量自概，止收概下三升为耗，诸县亦一体施行。今闻诸县受纳，更不照前约束，甚至取及二三斗者。自今仰并照州仓交纳体例，令纳户自行量概，毋致少有过取。其案吏仓斗，非理乞觅，一切除罢，受纳官宜以身率下，庶几可革蠹弊。

一、昨来节次，约束递年逃阁之数，当与除豁，不许勒令保长代输。其就州纳者，州钞下县，县吏不得藏匿，立请主簿销注。其就县纳者，即与印钞给还，仍对销官簿，不许重叠追催，及以呈钞为名，辄行追扰。今来访闻诸县，于前数弊，邑邑有之，人户不胜其苦。为保长者，尤

所不堪，甚至保正副本非催科之人，亦勒令代纳。违法害民，莫此为甚。仰诸县截至日下并行革去。

一、昨宋大卿在任创令第五等户产钱一文，纳见钱七文，足应干縻费已并在中。今来访闻诸县公吏，于七文之外，又取縻费，或反多于正钱。殊失前政宽恤之意。今须悉从革去，正钱之外，不得增添分文，反为下户之困。

## 禁苛扰

一、前在任日，曾坐条行下诸县，一应文引只付保司，不许差人下乡，如诸色公吏，辄带家人下乡搔扰者，并从条收坐。自后犯者，惩治非一。又乡书等人，每遇乡民收割，辄至乡村乞麦乞谷，因人户有诉，即将犯者编配；及尉司弓手，不因捕盗而多带家丁，扰害乡村，人户亦屡曾惩治。是时田里间无一吏迹。今闻数年以来，此弊复作，官司未有一事，便辄差人下乡，纵横旁午，为害最



甚。仰诸县截自日下更不许仍循前弊，兼本州既不专人下县，则县邑亦岂应专人下乡？若公吏非承县引而私往乡村乞觅，委知佐严加觉察，务令尽绝。

一、昨曾行下在州官及诸县知佐，不许出引令公吏保司买物，及因南安丞厅出引付保司募役人买布，因而妄行科配，致人陈诉，已将犯人断罪刺环，及将县丞取问。今来访闻诸县仍有此弊，仰知佐厅日下一切杜绝，不许责令公吏保司买物，以致科扰人户。

一、前在任日，曾有约束圣节锡宴在近，窃虑诸县循习成例，或于行铺科买物件，不依时价支钱给还，妄行科派钱物，并贷借器皿幕帟之属，因而干没。或妄追乡村农民，充药社只应；或勒令良民妇女，拘入妓籍。如违，许人陈诉。后因惠安人户陈诉县吏令妆束乔鼓只应筵会，

已将犯人重断勒罢。又因永春人户陈诉县吏因上元放灯科买灯油，不还价钱，亦将犯人重断锢身监还，并牒诸县，今后上元放灯，不许白科铺户油烛等物。今来并照前来约束，如有犯者，并从重坐。

一、昨因晋江县为造军期船，敷买人户桐油、赤藤等物，不还价钱，遂将承吏断配，仍约束自今不许并缘军期，辄有科配。今来访闻诸县，因本州抛下赤藤麻皮等物，辄科保正副收买，更不依时直还钱，甚者分文不支，致令保正陪钱。买纳入纳之时，公吏又有需乞，为保正者其何以堪？仰诸县今后遇有军期行下，官从长区处，务令不劳而办，毋容县吏并缘广行科配，及令保司陪备。

一、昨因晋江重修县衙，出引监诸寺院纳修造钱，其承引人辄将三植院佃户打缚取乞，已将犯人断刺，仍贴





县镇，自今非甚不获已，毋辄兴土木之工，其不急兴修，并仰住罢。所有合修去处，须管以见钱置场，依时价召人申买，不许出引敷率。今恐属县，或因修造，辄有敷配，仰日下除罢。

一、昨曾约束民间争讼，官司所当明辨是非，如果冒犯刑名，自合依条收坐。今闻属县，乃有专事科罚者，遂使富民有罪，得以幸免，贫者被罚，其苦甚于遭刑，日下各仰除罢。今恐属县有因公事而科罚民财者，截自日下并令除罢。

一、昨来约束人户分析，当从其便。访闻诸县乃有专置司局，勒令开户者，但知利其醋钱，不顾有伤风教。自今唯法应分析，经官陈情者，即与给印分书，不许辄有抑勒。今闻诸县，仍复有此，甚者差吏下乡，勒令开析，岂有

此理？仰截自日下并行住罢。

一、昨尝约束保正长，以编民执役，官司所宜存恤。访闻诸县知佐，科率多端，公吏取乞尤甚，致令破荡财产。自今除本役外，不许妄有苛扰，其初参得替缴引展限之需，官员到任满，替供应陪补之费，并与除免。今闻诸县循习前弊，又复甚焉，非当管干之事，勒令管干，不当令出钱者，勒令出钱，其害不可胜计。由此畏避不肯充承，宁赂吏辈求免，是致都分有无保正去处。仰知佐诸厅自今于保正长等人，务加宽恤，除烟火盗贼，及合受文引外，不许稍有苛扰。如官司已存恤保正长，而保正长却募破落过犯人代役，在乡搔扰，即当究治施行。

一、昨来约束寺院，乃良民之堡障，所当宽养其力。访闻诸县科率颇繁，致令重困，浸成不济。自今除依法供





输外，自余非泛需索，并与除免。今闻诸县视前加甚，若使管下寺院不济者多，则均敷之害必及人户。仰自今照上项约束，毋致违戾。

右开具在前，照得廉仁公勤四者，乃为政之本领；而崇风教，清狱犴，平赋税，禁苛扰，乃其条目。当职于此，不敢不勉，亦愿诸县知佐，以前四事及今四条，揭之坐右，务在力行，勿为文具。其逐县公吏，有犯上项约束，致招民词，当择其尤者，惩治一二外，余并许之自新，人户亦不必论诉。自今约束下日为始，少有分毫违背，断不相容，黥流断刺，必无轻恕。帖诸县知佐石井监镇知委，并榜本州及七县市曹晓示。

# 昼帘绪论

〔宋〕胡太初 撰

《昼帘绪论》内容宏富。撰者胡太初注重为官要廉与勤，即节俭和清心是最重要的。所以首篇即讲『尽己』。在第二篇《临民篇》中，他提出了为政的四件最基本的事情：『崇学校』，『奖孝悌』，『劝农桑』，『略势分』（减少权势威风）。其他各篇涉及如何对待上级和同僚，审理诉讼和狱政管理的原则，有关百姓切身利益和地方社会稳定的重要事宜，推行政令要宽严适中等等。既有做官理念的论述，又有具体事实说明，是宋代官箴中的佳作。

胡太初，天台人，曾做过处州知州，《昼帘





绪论》系他应外舅之约，搜集其父任上所亲见亲闻之事撰成。『昼帘』一词出自沈约《宋书》的《顾凯之传》。凯之任山阴令时，『山阴户三万，海内剧邑，前后官长，昼夜不得休，事犹不举。凯之理繁以约，县用无事，昼日垂帘，闲阶闲寂。自宋世为山阴，务简而绩修，莫能尚也。』胡太初以昼帘为题，是希望县令处理政事要简省清明。

## 尽己篇第一

莅官之要，曰廉与勤，不特县令应尔也。然县有一州之体，而视民最亲，故廉、勤一毫或亏，其害于政也甚烈。且人孰不知廉吾分内事也，物交势迫，浸不自由。素贫贱者，有妻子啼号之挠；素富贵者，有口体豢养之需。喜声誉，则饰厨传以娱宾；务结托，则厚苞苴以通好。又其甚者，婚男嫁女，囊帛匮金，皆此焉。是资虽欲廉，得乎？

贪黩亡耻之人，固不暇恤，稍有畏清议者，亦不过曰：『吾上不窃取于公帑，下不妄取于民财，足矣。收买饮食，素有官价，吾行之奚愧？供需宾客，例敷吏贴，吾循之奚怍？』不知以官价买民物，民贫其何以堪？而责吏供需，他日吏以曲法受赂败，令责之得无愧辞乎？

故其要，莫若崇俭，苟能俭，则买物不必仗官价以求多也，燕宾不必科吏财以取乐也，苞苴不必讲，厨传不必丰也。莅官之日无异处家之时，而用官之财不啻如用己之财，斯可矣。

又孰不知勤吾职分之当然也，聪明有限，事机无穷，







竭一人之精神，以抳众人之奸诡，已非易事。况有愚暗无庸者，一切听可否于吏手；苟且取具者，率多黠智能于不用；甚则衔杯嗜酒，吹竹弹丝，图享宦游之乐，遂至狱讼经年而不决，是非易位而不知，词诉愈多，事机愈夥，卒不免于司败之见诘。纵有锐意自强者，几何人哉？自其酬应日繁，心力日耗，方虞税驾息肩之无其所，何幸吏牍已备，俯首涉笔，终亦归于苟道而已。

故其要，莫若清心。心既清，则鸡鸣听政，所谓『一日之事在寅也』。家务尽屏，所谓『公尔忘私』也，勿以酒色自困，勿以荒乐自戕也。今日有某事当决，某牒当报，财赋某色当办，禁系某人当释，时时察之，汲汲行之，毋谓姑俟来日，则事无不理，而此心亦宁矣。

吁！此廉、勤之大略也。他犹有可言也。心不可不

平，平心则物情无往不烛；怒不可或迁，迁怒则吏民将受其枉。其令必简，其政必和；非时营缮，所合力惩；托辞科输，所当痛革。子弟门客，勿令与外人、吏辈交接，或恐有往来结托之嫌，则祸起萧墙，若何拯疗？吏民妇女，勿令其出入织纴贸易，或恐有交通关节之谤，则事干闺闻，未易施行。勿带医术，或有干请，难以相从。勿置亲随，处之内外，皆所不便。在已者，既已曲尽，则何施不可，何事不公，何盘根错节之足虑哉！故愚以『尽已』冠之篇首云。

## 临民篇第二

令为民父母，以慈爱为车，以明断为轨，而行之以公恕，斯得矣。今之为令者，知有财赋耳，知有簿书期会耳，狱讼一事已不遑悉尽其心，抚字云乎哉！教化云乎哉！





昔阳城自署曰：『催科政拙，抚字心劳，考下下。』阳城已矣，谁肯甘心下考？而竭其抚字之诚者，不知九重以赤子授之令，固望其字吾民也，而可孤所寄乎！故令视事之初，其先务有四：

曰崇学校。夫士者，民之望也；乡校者，议政之地也。诸学奠谒之余，便当延见衿佩。假之以辞色，将之以礼意，询风俗之利病，谘政事之得失，廪饩必丰，课试必谨。其端厚俊秀者奖异之，其词讼蔓及者覆护之，其凌辱衣冠者惩治之，则士悦而知慕矣。

曰奖孝弟。人情敬其父兄则子弟悦，故当首延父老，以寓敬爱之意，然后博询乡曲。其有孝友著闻、行义卓异者，必屈己求见，必置酒登延，护其门闾，宽其力役，使邑人靡然知效。或有兄弟讼财，亲族互诉者，必曲加讽谕，以启其愧耻之心，以弭其乖争之习，听其和允，勿事研穷，则民俗归厚矣。

曰劝农桑。令以劝农系衔，朝廷以劝农著令，非不勤至。今也不然，岁二月望，为文数行，率同僚出近郊，集父老读之，饮食鲜少，甚至折钱。事毕，即自携酒肴妓女，宴赏竟夕，实意安在哉？令到官之始，不必姑俟来春，便当以农桑衣食之本谆谆然喻之，而那些妨害病扰之者，必惩必戒，则民斯咸安其业矣。

曰略势分。令为近民之官，而今也，民视令不啻如天之远，如神明之可畏。衔冤茹苦，无由得入令尹之门。幸而获至其前，则吏卒禁呵笞扑交错，畏懦者已神销气沮矣。故欲通下情，莫若大启门庭，屏去吏卒，躬自呼之几席之前，康色诘问，以尽其所欲言。其壅蔽不得达者，则



设锣县门之外，俾自扣击。如是，则民情无有不获自尽者矣。

行斯四者，他如赈恤之不可不时，追逮之不可或滥，毋事横敛，毋事酷刑，非甚不便于民，不必好为更革，非甚宜益于民，不必轻为兴举。其余节目，皆当次第而广充之。

虽然，爱民之要，尤先于使民远罪。夫民之丽刑，岂皆顽而好犯哉？愚蒙无知，故抵冒而不自觉。今宜以其条律之大者榜之墙壁，明白戒晓曰某事犯某法得某罪，使之自为趋避。其或有犯到官，哀矜而体察之，照法所行与杀一等，亦忠厚之德也。若悉欲尽法施行，则必流于酷矣。昔卓茂为密令，谕其民曰：『我以礼教汝，汝必无怨，恶以律治汝，汝何所措其手足乎？』吁！此仁人之言也。

凡为令者，宜写一通，置之座右。

## 事上篇第三

令领一邑，太守察之，诸监司察之，所以防汙虐、戒旷败也。公正自饬，廉谨自将，固令所当持循，职事攸关，尤合加察。转漕司惟财赋耳。县道赋入自有定数，率是输之郡家，本自无甚干涉；其他户婚词诉，吾惟决之以公，奚惧焉？

常平茶盐司，惟廪役与盐课尔。不产盐，不系衔处，于盐无预。若齐民之差役，公吏之叙役，与夫常平义仓之敛散，吾无偏私，无侵移，又奚惧焉？

惟提点刑狱司，则视诸司为独重。何则？刑狱，民命所系，苟有过误，厥咎匪轻。杀伤多委同官验视，安知其无或疏卤乎？罪囚淹禁，动经岁月，安保其无或疾病



乎？结解公事，惟凭供款，又安信其果无翻异乎？有一于兹，便罹宪网。故惟在我者无往不谨不审，而又得部使者察其忠实，宽其鞭驱，庶乎可以免厥咎也。

其次，本州则视宪司为尤重。何则？州县一家也，令之视守，犹子弟之于父兄也。情苟不通，事无可集。若财赋，若狱讼，若日生事务，无一不与相关。而县之最被害者，莫若不时专人。每专人一来，陵蔑名分，擒捽吏贴，大者数百千，小者百余千，方得其去。又其次，二税专差吏拘催，酒税专差吏监督，日食之供需，公事之恳告，令无不听命惟谨。甚而擅兴威福，辖养娼妓，需觅器用，裒取钱物，无所不有。

令谒郡之始，便当明禀史君，某职事不敢不勉，而县家苟有不逮，亦乞加体恤之仁。仍乞给紫袋历二道，络驿

往来，彼此咸衔名书之，庶几事情无有不达，而文移之督促可省也。如经两月事不办集，然后甘受专人之忧，慢令之罚。若税赋亏日额，酒税亏月额者，率十之四五，却乞遣吏监督，不然告宽辔勒，容竭其长。夫州家亦欲集事尔，差专人，差公吏，岂其得已？令若恃其相容，遂至弛怠，公事不集，财赋不登，亦奚咎夫郡之督促哉？

虽然，奉法循理，尽瘁效职，监司、郡守之难事犹可也，惟是台幕郡僚，或捧檄经从，或移书请托，宾饯稍有不至，奉承稍有不虔，贤明仁厚之人固能推诚相亮，否则，情好易睽，间隙易启，始于职事相关之际，捃摭横生，甚而使长会聚之时，讥诮肆入，盖有阴中其毒而获戾者多矣。故令之待台幕郡僚者，宁过于勤，毋失之怠；宁过于恭，毋失之简；宁过于委曲，毋失之率意而径行。此亦



可以杜无妄之灾矣。

## 僚采篇第四

县之有僚采，兄弟等也。兄弟有阋墙之衅，则家用不和，何以干蛊而御侮哉？县僚本无慢长官之心，而每有与令不相能者，非他也，令挟长以临僚采，僚采复睚眦不相下，势必至于睽，且忌不和。县无州郡黜陟之权，合辙而驰，共舟共济，令苟怡怡相与，孰不竭力以佐令乎？

然相得每难，而相失每易。公事分委佐厅，俾之书判，或意见偶异，或请托所牵，未能与令意合。令辄自行改判，或牒请再拟，则其情易以相失。孰若平心量酌其是否，过厅面议，使之欣然窜易而无怨心乎？佐厅吏人有过，令遽呼上，杖之于庭，县吏或有咆哮，佐官复自行鞭挞，遂致彼此猜忌，因成仇隙，则其情易以相失。孰若致

委曲于其本官，令其自行决遣，使之赧然愧服而无怨心乎？

丞簿而下俸入极微，曾不足以养廉，而令辄拖压累月，令虽不明支己俸，却或于官钱移易贷用，其何以得同僚之心？故同僚俸给须当按月支送，或一时匮乏，则明以相告；令亦不当先支己俸，及有移贷之私，收支簿历使之通知可也。如是，则又孰不悟然相体，能与县家同休戚乎？

令始至之日，必延见僚采，历述弊端，悃愊无华，肝胆相照。职事关系，彼此明言，毋怀忍以含怒；厅吏间谍，彼此斥绝，毋嗜听以相猜。心同一人，事同一体，则政和而民受其福矣。岂惟民之幸，亦令之幸也。

虽然，同官皆忠良之士，固自悉无可虑，彼有沈鸷狠



戾者，或挟才以相陵，或侵权以相挠，或阴谪长官之短，或乐受逸者之言，则将奈何哉？令岂无假故疾病，势必委佐官暂摄。而摄者辄变乱其统纪，县道库眼亦有属佐厅司掌，及有财赋合属佐厅催督者，而佐官辄视为己物，不与县道通融，则人将奈何哉？

吁！此当以诚感，不当以势争。以诚感则礼意必周，恳白必豫，使之自有所不敢为；以势争则意义日睽，仇隙日甚，或相讦，或互申，弊有不可胜救者。此令所当深戒而早图者也。

## 御吏篇第五

人皆曰御吏不可不严，受贿必惩无赦，不知县之有吏，非台郡家比。台郡之吏，有名额，有廪给，名额视年劳而递升，廪给视名额而差等。故人人皆有爱惜己身之意，

日一次躬自巡行，相视有不完处，随加修补。戒饬吏卒，每夜不可止留一人直更，须要每更轮流两三人，明烛巡视诸牢。次早，令出厅，先诣狱点名，然后佥押文字，日以为常。墙壁之当完者如此。

狱囚合给粮食，自当于经费支破。有因县道匮乏而责诸吏者，不知官给尚欲减克，而可使吏供输乎？宁节他费，此不可节也。人当日给米二升，盐菜钱十文，朝巳晚申，立定程式，狱子声喏报覆，令躬点视，然后传入。其有家自送饭者，当即传与，仍点检夹带毒药、刀仗、铜铁、器皿、文字之属。春夏天气蒸郁，须与疏其窗棂，蠲其秽污，使不至卑湿奥渫，致兴疫疠。如稍向寒，便当糊饰户牖，支给绵炭，使各得温暖和适，可免疾患。饥寒之当究者如此。



不幸狱囚有以疾病告者，将奈何哉？曰：此不可不察也。有实病而吏不以告者，有未尝病而吏诬以告者。盖吏视囚犹犬豕，不甚经意，初有小病，不加审诘，必待困重，方以闻官，甚至死而后告者。若有赀之囚，吏则令其诈病，巧为敷说，以觊责出，渐为脱免之地。此令所当深察。责在推司，日具有无疾病申，令于点视之际，又自躬加审察。如以病告者，且与召医治疗，日申增减。其甚困顿不可支者，然后责令亲属保识前去。若必待病重方始闻官者，推吏必寘于罚。不然，万一死者接踵，宪司岁计人多，令能免咎乎？

又不幸狱情而有疑似而难明者，将奈何乎？曰：此不可不辨也。世固有畏惧监系，觊欲早出而妄自诬伏者矣；又有吏务速了，强加拷讯，逼令招认者矣；亦有长官自恃己见，妄行臆度，吏辈承顺旨意，不容不以为然者矣。不知监系最不可泛及，拷讯最不可妄加，而臆度之见最不可恃以为是也。史传所载，耳目所知，以疑似受枉而死、而流、而伏辜者，何可胜数？谚曰：『捉贼须捉赃，捉奸须捉双。』此虽俚言，极为有道。故凡罪囚供款，必须事事著实，方可凭信。不然，万一逼人于罪，使无辜者受枉罚，令得无愧于心乎？

乃若狱门出入之禁，其责专在当日推司，监牢严行拘督。应当日而抛离不到者，有罚；吏卒非系在狱而辄入者，有罚。令自点察之外，许人告讦。罪入水火茶饭，各须有人监临，事毕即入元处，不得放令闲散。逐牢内门，无故不得辄开。若家属传送茶食，不得私令与囚相见，吏卒亦不得因而与之传递信息，漏泄狱情。此皆所当深致



其防者也。

夫县狱与州郡不同，州郡专设一官，故防闲曲尽；县令期会促迫，财赋煎熬，于狱事每不暇详谨。罪之小者，县得自行决遣；罪之大者，虽必申州，而州家亦惟视县款为之凭据，则县狱岂不甚重？而令之任责，岂容不曲尽其心哉？故愚于此反覆谆复，不嫌于赘。

## 催科篇第八

今之作县者，莫不以催科为先务，而其弊有不胜言者，最是乡胥走弄，簿籍漫漶，不惟驱督不登，县受郡之责，抑亦逼抑过甚，民受官之害。迩者廷绅奏请，以十户为一甲，一甲之中，择管额多者为首，承帖拘催，自浙而江，往往行之已遍，今不当别为规约，止是就此察其弊，而图其官民两不相病者为善耳。愚尝思之，去官之病者，

为说有三，去民之病者，为说亦有三。

其一曰：民户合管产业，籍之于县，县道合抱税额，籍之于州，州视额督趣，县视产起催，此常式也。然多有坍废，有逃绝，郡虽迫之县，县实无可催者，官之与吏，徒被督责。不若先与刷具事故数目，实计若干，申州乞差官究实，与蠲其额，容俟他时兴复，仍旧起催。仍申省部照会。或太守难之，令能于合催财赋尽数趣办，使郡用不至匮乏，当亦自能听从也。

其二曰：起催税物，例是勒逐乡乡胥供具合管数目，以凭给引。不知乡胥与富强之家素相表里，有税未即具上，或不尽具，至有每年不曾输官者，却止将善良下户先具催数，或多科尺寸，逼令输纳。此只合选稍公实吏人，具出等则，先次催上三等，而后徐及四等以下户。令





又自将前两年产税簿点看，如吏人当具而不具，与夫当催而不催者，皆有罚。所以不用新造簿而必用旧簿者，防乡胥为欺也。若诿曰升降不等，过割不时，毕竟田主虽易而田则未尝易，自可挨究官物之所在。如是，则无陷失之患。

其三曰：每日催到官钱，至夜方有定数，已难入库，多是寄留廊头或公吏处，遂至侵贷移易，或有止以虚数影过者。其法合置两大柜，且与权行收锁，来早或躬亲或委官点数入库，不可因循。又须择家计稍温、行业稍明、有亲戚保识，有充库子，每旬休与之点视，及将收支簿历驱磨。其库壁须用板夹持，十分坚固。待其欺瞒侵盗之后，虽断刺、估籍，与夫抑勒众人填纳，亦无及矣。此去官之病当尔。

税存，不可不察。民有以出业报者，便当关会受业之家割税归户，然后却与除退。庶几无泛追，无滥罚，无推摊抵捱之弊。此则正本澄原之地也。

## 理财篇第九

县自常赋之外，一孔不可妄取诸民。虽有理财之策，奚其施？亦惟于酒、税加之意而已。酒、税解郡，月有常额，措办不及，亦怀惴惴之忧，况望其余裕可助县用哉！虽然，经理有方，亦未尝不沛然也。今之言酒者，不过曰官课之所以不行者，私酤害之尔。贴榜张旗，甹绕巷陌，鸣锣拽队，遍走街坊，脱有斗升败获到官，便辄枷讯，禁系累月，荡其生理，妨其营趁，率至于饥饿病困之域。犹之可也。人有私隙者，便辄诬以鬻酤，密来首陈，意在扰害。官司不问虚实，辄差弓手轿番，数十为群，持杖突入，







遍搜房室，绕打墙围，无异于大劫盗。不知人之所以冒法私饮者，皆由官醞不堪入口。我苟留情酒政，六物必良。其在库也，谨渗漏隐瞒之弊；其在店也，防夹和克退之欺。酒司之外，专差典押、吏人各一名，任责措置。如发卖流通，利息增衍，则典押、吏人、酒司、酒匠皆量支犒赏。否则有罚。官醞既多且旨，谁肯私饮以自速辜？故虽榷禁不严，驱之亦不从矣。

今之言税者，不过曰官额之所以不登者，商贾瞒隐尔。于是严搜逻之策，遣差拦头、弓手等辈于界首拦截，动至三数十里之外，诛求客旅，溪壑亡厌。得厚赂则私与放行，径不令其到务商税；不伏予以赂者，则被擒到官，倍税之外，费用如故。犹之可也。其所差拦头、弓手，又复将带游手恶少，遍走乡村，以捉税为名，打毙人家鸡犬，

免也。况自嘉定间朝廷主张义役，自处、婺举行，驯至诸郡邑莫不响应。行之既久，官民咸以为便。昔有持庾节者，乃独深恶义役，其说专谓利上户而不利下户，便富民而不便贫民。盖视产出财，固为均适，而平日产力鲜少未尝充役者，乃因义役，例被敷金。及有管掌不得其人，或致侵渔盗用，又不免再行科率，故深以为民病。不知义役本美事，但止令合充役人裒金聚廪，而不及未尝充役者；兼令出财户轮年掌管，万一亏折，亦有责偿之地，便为尽善，何必深恶之耶？

今在州县多是义役，若犹未也，亦宜劝勉为之。万一事势或有难行，止合从官司每岁差役，则其要当先委佐官驱磨产力簿，及许人陈首诡挟，俟簿书物力一定，然后照各乡则例，物力及若干，方令充役。最小者充一年或





半年，倍与倍差者，各随多寡，增年限循环充，周而复始。如是，则亦无物力高而歇役近，与物力低而歇役久者争执之患。若有元系不应充役白脚。而近来增置田产，归并诡挟，物力亦当及役，则且差白脚。仍为图揭之坐右，以便阅视。

某都某人某日当满，每将满数月前，先行拟差下次役人，告示知委。如差不当，仰即来陈理，不许临役方行推托。盖近来官司，多是役满方差下次人。被差之人，不问当否，且行推托，图得迁延，待就役时，已被其捱过若干月日矣。而烽火、盗贼等事无人任责，最为利害。今之乡司差役，率是受赂，甲诉不当则转而差乙，乙诉不当则转而差丙，此风尤不可长。使前之所差非，则乡胥岂得无罪？前之所差是，则今岂应复改而至于再、至于三耶？

往外郡邑贩米出粜。但要有米可粜，却不可限其价直（值），米才辐辏，价自廉平，虽无待开广惠仓可也。若先君宰金谿两年，值歉，只行此策，民用无饥，不可不知也。

然此皆为灾歉设也，非令所愿闻也。平居无事，令所以恤民者，惟蠲放僦金耳。雨旸祈祷，大暑极寒，固所当行，甚而知县无以邀民之誉。或到官，或生辰，或转秩循资，或差除荐举，率放免若干日，至有一岁放及太半者。不知僦金既已折阅，谁肯以屋予人？积至塌坏倾摧，不复整葺，而民愈无屋可居矣。是盖不知贫富相资之义者也。令果能以恤民为心也，则政必简，刑必清，毋滥追，毋久系，不以科敷伤民力，不以土役妨民时，果何事而不可行吾恤之之心哉！







## 用刑篇第十二

县无甚重之刑，小则讯，大则决，又大则止于杖一百而已。吏民无甚愆过，便辄以杖一百加之，不知罪或大于此，又将何术以处之哉？而况行杖者，或观望声势，或接受贿赂，行遣之时，殆同儿戏，此非所以使人畏，乃所以使人玩也。愚谓杖一百之刑最不可数施，讯决亦止可十数下，若大杖止七五下，或十下，须令如法决遣，驭下严峻，然后人自畏服。初不在乎数目之多，徒为行杖者卖弄耳。若杖一百，却留为极典，非大过犯、大愆误不施，须令人人畏惧而不敢犯，此则省刑之大略也。

每奸盗辟囚，获到之初，首行腿讯，多至二三百下，此其不可者一也。盖被获到官，沿途絷缚拷打，或饥饿困顿，已非一日，若又即从而讯决，多有毙于杖下者。孰若径押下狱，明正典刑耶？

豪强之家论诉邻里，官司不问是非，便与行遣，此其不可者二也。盖杖决虽微，王法攸寓，不可妄加无罪，岂应副人情之具？若徇其私请，张其声势，将来武断乡曲，稔恶积愆，欲救之无及矣。

盗贼累犯，合与刺环。今有初犯及盗不满足者，一为势利所怵，便与断刺。不知鞭挞至惨，肌肤犹有可完之时；一经刺环，瘢痕永无可去之理。所犯出于一时不得已，而被罪至于终身不雪。此所当戒者三也。

凶恶害民，合与永锁。今有偶触长官之怒及势家所恶者，便与幽之囹圄，系之尉寨。不知罪不至死，一身之困踬难逃，身既被囚，数口之饥寒孰给？所谓破家县令，皆是之类。此所当戒者四也。



乃若用刑之节，如入夜有禁，遇日当禁，皆当时时警省；老幼不及，疾孕不加，皆当事事审察。今甲备著，毋待多云。然又有三说：一我醉，二彼醉，三羸瘠。盖我醉而行刑，则旁观必以使酒疑我，万一果有过当，虽悔奚追？彼醉而加刑，则酩酊之中，何知畏惧？万一挟酒凌犯，取辱贻羞。羸瘠而受刑，则必其人饮食之阙违，气力之困惫，笞棰之下，尤有不可者。今又有人求加于杖一百之外，自知徒流以上不可用，乃辄槌折手足，尤为残忍。某事某罪，国有彝章，法外戕人，岂字民之官所当为者？戒之哉！戒之哉！

## 期限篇第十三

凡事非信不集，况一邑之事至为总总，一令之威无甚赫赫，仍使期限不信，号令不肃，其何以行之哉？故其要莫先于立限之坚。然立限有别，应限有程。泛常追会，止给『到限』，许其三次申展。三展未圆，厥罚讯若干，然后换给『定到』，许其二次申展。二展又未了，厥罚决若干，仍换给『不展』引，此则诚不可复展矣。若更稽违，则当勘杖若干，枷监追集。如有督捕紧切之事，则当径出『定到』之引，或『不展』引，拘确如前。然或恐县道有十分紧急事务，非可以顷刻稽违，断欲必集者，则当给加牌『不展』引，别此牌引违，则有大罚，如勘锢，如传都，皆当先示戒警。又须以不数用为尊，一岁之中才三数次给发，非有大故不发亦可。凡限当展不展，敢于故意藏匿者，厥罚则视限之重轻。立限之别如此。

都有广狭，地有远近，当量其力，使之可以趁赴。其去县五十里以上，及地分稍广、隔涉溪岭者，每限以七日



或十日为约；下此者则以五日为约。此合先考远近广狭之数，预立规式，置簿明署某都限例十日或七日，某都限例五日。逮给限之时，须令直日厅吏就案头随即抄记，以俟令之自行稽察。应限之程又如此。

夫上之役下，固欲集事；下之应役，亦欲事集，以免过尔。而今之里正，以期会不报，被笞索者累累也。其弊在于上之给引泛滥而无统，甚至一次当限，累数十引，追逮百余辈。其里正之代役者，自知应赴不及，必遭笞决，于是并与其可以办集者。一切稽违，却遍求被追者之赂。其意以为十违二三与十违七八被杖等尔，何苦不求赂哉？由是事愈难集。此盖役之者非宜，自难责其下之必应也。要当先令限司立定规式，每都一限给引不得过十件，如事多，十引之外，余引与给后限。若里正违引一件